AF496156

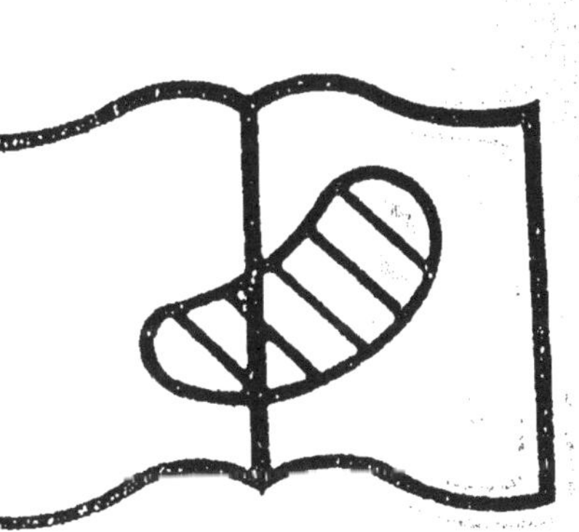

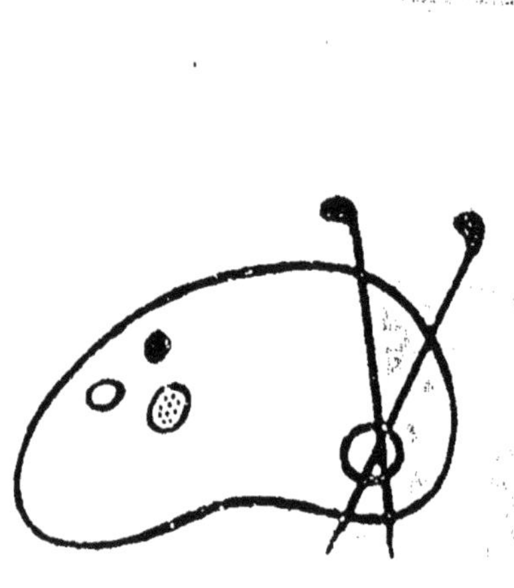

Couvertures supérieure et inférieure
en couleur

Original en couleur
NF Z 43-120-8

E. VEUCLIN

Correspondant du Comité des Sociétés des Beaux-Arts

NOTES HISTORIQUES

SUR BRIONNE ET LES ENVIRONS

LES PROCESSIONS DU ROUMOIS

ET DE LA

FÊTE-DIEU AU BEC-HELLOUIN

LE DROIT FUNÉRAIRE

DU CLERGÉ SÉCULIER DANS LES MONASTÈRES DES ENVIRONS DE BRIONNE

USAGES ANCIENS DE L'ABBAYE DU BEC

BRIONNE

IMPRIMERIE ET LIBRAIRIE AMELOT

—

1890

Typographie
E. AMELOT
BRIONNE (EURE)
1890

NOTES HISTORIQUES

SUR BRIONNE ET LES ENVIRONS

BRIONNE. — IMPRIMERIE ET LIBRAIRIE E. AMELOT.

E. VEUCLIN

Correspondant du Comité des Sociétés des Beaux-Arts

NOTES HISTORIQUES

SUR BRIONNE ET LES ENVIRONS

LES

PROCESSIONS DU ROUMOIS

ET DE LA

FÊTE-DIEU AU BEC-HELLOUIN

LE DROIT FUNÉRAIRE

DU CLERGÉ SÉCULIER DANS LES MONASTÈRES DES ENVIRONS DE BRIONNE

USAGES ANCIENS DE L'ABBAYE DU BEC

BRIONNE

IMPRIMERIE ET LIBRAIRIE AMELOT

1890

NOTES HISTORIQUES

SUR BRIONNE ET LES ENVIRONS

LA FÊTE-DIEU AU BEC-HELLOUIN

AU XVIIIe SIÈCLE

Maintes fois, nous avons eu l'occasion de signaler les conflits qui, au XVIIIe siècle, existaient presque partout entre le clergé séculier et le clergé régulier à l'occasion des droits respectifs que chacun s'attribuait.

Au Bec-Hellouin, les mêmes difficultés eurent lieu souvent entre les bénédictins et les curés de la paroisse : ces derniers prétendaient exercer librement leur ministère dans l'enceinte et sur les dépendances de l'abbaye.

Un de ces curés, Me François Neveu, voulant affirmer son droit, consigna sur le registre de catholicité de la paroisse, à partir de 1720, un certain nombre d'actes constatant le droit de procession du clergé du Bec sur le territoire du monastère. C'est ainsi que nous avons recueilli les notes suivantes sur la manière dont se célébrait la Fête-Dieu au Bec-Hellouin, en 1731 et années suivantes :

1731

Station du St-Sacrement en l'abbaye du Bec

« Ce jourd'huy trente et un de mai mil huit cent trente-un, jour de l'octave du Saint-Sacrement, nous, François Neveu, prestre curé de cette paroisse du Bec-Hellouin, accompagné du clergé et du peuple de la ditte paroisse, sçavoir le clergé Me Nicolas Quesney, prestre, Maistre Charles Vitcoq, prestre vicaire de notre ditte paroisse, Jacques Prunier, clerc, Philippe Binière, clerc de la charité, les frères de la charité sçavoir Nicolas Fontaine, Pierre Deschamps, commis pour Alexandre Deschamps, François De Launai, Jean Pelteux, Claude Mouard, Guillaume Duhamel, Charles Mattière, Robert Boudin, Estienne Gorjeu, Jean-Baptiste Dubousset, Jean Prentout, commis pour Louis Filocque, Adrien Quesney et autres peuple, nous sommes transportés processionnellement, en portant par les mains de nous dits curé le Saint-Sacrement, en l'abbaye du Bec, où nous avons suivant l'usage immémorial posé le Saint-Sacrement sur le maître-autel et dans le chœur de la ditte abbaye, où après avoir chanté suivant le même usage immémorial et non interrompu le verset *Panis Angelicus* par trois fois, le verset *Panem de cœlo*, etc., l'oraison *Deus qui nobis sub sacramento mirabili*, etc., nous avons donné la bénédiction solennelle au peuple, ce que nous avons signé pour mémoire avec les dessus nommés.

« NEVEU, curé du Bec. — N. QUESNEY. —
« CH. VITTECOQ. — J. PRUNIER. »

1732

Station du St-Sacrement en l'abbaye du Bec.

« Ce jourd'huy dix-neuf de juin 1732, jour de l'octave du St-Sacrement, entre sept et huit heures du matin, nous François Neveu, prestre curé du Bec, accompagné du clergé de notre ditte paroisse sçavoir... nous avons esté processionnellement portant le Très Sacrement par nos mains suivant l'usage immémorial et non seulement en l'abbaye de cedit lieu du Bec, où après avoir posé le St-Sacrement sur le maistre-autel, et dans le chœur de laditte abbaye, nous avons chanté le verset *Panis angelicus* avec les répons et son suivant, ensuitte le verset *Tu es sacerdos in æternum* et l'oraison, et donné la bénédiction solennelle à nos peuples. Les religieux ayant refusé l'entrée dudit chœur aux dits frères de la charité contre l'usage, ce que nous avons signé avec les dessus nommés pour mémoire.

« J. Prunier. — N. Querey, p^tre^. »

1735

La procession du St-Sacrement en l'abbaye.

« Ce mesme jour 16e juin 1735, jour de l'octave, la procession du St-Sacrement de la paroisse du Bec a esté avec le clergé les frères de la charité et la procession faire station dans le chœur et sur le maistre-autel de l'abbaye suivant l'usage ordinaire.

« Neveu, curé du Bec. »

1739

La procession en l'abbaye du Bec.

« Ce jourd'huy jeudy 4e de juin, jour de l'octave du St-Sacrement 1739, la procession de la paroisse du Bec a parti sur les sept heures et demie du matin pour aller en l'abbaye dudit lieu du Bec faire station avec le St-Sacrement où estant arrivée le St-Sacrement a esté posé sur le maistre-autel et dans le chœur de ladite abbaye par les mains de nous prestre curé dudit lieu du Bec, suivant l'usage. En foy de quoy nous avons signé le présent acte ce dit jour et an que dessus.

« Neveu, curé du Bec. »

1741

Procession du St-Sacrement en l'abbaye du Bec le jour de l'Octave.

« Ce jourd'huy huitiesme de juin, jour de l'octave du St-Sacrement de l'autel, entre sept à huit heures du matin, nous François Neveu, prestre curé du Bec, avons parti de notre église paroissiale en procession portant le très St-Sacrement avec notre clergé et les frères de la charité du Bec dont est maistre Jean Lepic et Jean Binière, prévost, pour aller suivant la coutume faire station en l'abbaye de Nostre-Dame de ce dit lieu du Bec où estant arrivé par la grande porte du chœur d'icelle abbaye, nous avons entré avec le dais jusqu'au maistre autel où ayant posé le St Sacrement, chanté par trois fois *Panis angelicus*, etc., le verset et oraison du St-Sacrement, nous avons donné la bénédiction au peuple avec le Très Sacrement après avoir chanté *Adjutorium nostrum in nomine Domini* et suivant la coutume retourné en faisant le tour dudit chœur, ce que nous avons signé pour mémoire de l'usage et servir à nos successeurs avec les témoins sous-signés.

« NEVEU, curé du Bec. — BENESTIÈRE. —
« Jean FLANCHER. »

1742

Station du St-Sacrement à l'abbaye.

« Ce jourd'huy trente et un de mai 1742, jour de l'octave du Très St-Sacrement, la procession de l'église paroissiale du Bec-Hellouin est partie pour aller dans le bourg et ensuitte faire station en l'abbaye de ce lieu où le Saint-Sacrement a esté posé par nous François Neveu, prestre curé du Bec, sur le maistre autel de lad/ abbaye et ensuitte la bénédiction du Très Saint-Sacrement a esté donnée au peuple par nous curé du Bec susdit, suivant l'usage accoutumé tous les ans à pareil jour et de tout temps, en foy de quoy nous avons signé le présent acte et autres soussignés.

« BENESTIÈRE. — Jean FLANCHER. —
« NEVEU, curé du Bec. »

Position de la Croix du cimetière.

« Ce jourd'huy quinziesme de mai 1743, la première pierre ou pied destal de la croix du cimetière de cette paroisse a esté posée par nous François Neveu, prestre curé du Bec, présence de Jacques Villecoq dit la Vallée, et son fils, maçon, de Malleville, Gabriel Benestière, clerc, et plusieurs autres, le seize lendemain toute lad/ croix a esté achevée à monter.

« Jacques VEILLOT, thrésorier en charge. »

Bénédiction de la Croix

« Ce jourd'huy treiziesme jour de juin 1743, jour du Très Saint-Sacrement, à l'issue du salut, a esté faite la bénédiction de la croix du cimetière de cette paroisse par nous François Neveu, p^tre curé du Bec soussigné, après en avoir obtenu la permission de Monseigneur l'Archevesque de Rouen. En foy de quoy nous avons signé le présent pour mémoire.....

Procession du St-Sacrement en l'abbaye

« Ce jourd'huy vingtiesme jour de juin 1743, jour de l'octave du Très Saint-Sacrement, la procession de cette paroisse a parti suivant la coutume pour aller faire station en l'abbaye de ce lieu, où estant arrivée le St-Sacrement a esté posé sur le maistre-autel du chœur de laditte abbaye par nous p^tre curé du Bec soussigné, où a esté chanté le verset *Panis angelicus*, etc., *Adjutorium nostrum*, etc., et donné la bénédiction au péuple avec le Très St-Sacrement, ce que nous avons signé pour mémoire..... »

Procession du St-Sacrement en l'abbaye.

« Ce jourd'huy onzième de juin 1744, jour de l'octave du Très St-Sacrement, la procession de la paroisse du Bec a parti de ladittc église sur les heures et un quart du matin, pour aller faire station en l'abbaye dudit lieu, où estant arrivée le Très St-Sacrement a esté posé sur le maistre-autel du chœur de lad/ abbaye où après avoir chanté *Panis angelicus* avec répétition, le verset et l'oraison du Très St-Sacrement, la bénédiction a esté donnée au peuple avec le St-Sacrement à voix haute suivant l'usage, par nous François Neveu, prestre curé du Bec, ce que nous avons signé pour mémoire avec les autres soussignés ledit jour et an..... »

La Procession du Roumois

« Le deux juillet 1726, lit-on dans la *Chronique de l'Abbaye du Bec*, la procession du Roumois se rendit à notre église pour y faire sa dernière station. On y laissa le Saint-Sacrement jusqu'à l'année suivante. Après la messe solennelle on donna à dîner à tout le clergé dans notre réfectoire. »

De son côté, le curé du Bec consigna sur le registre de Catholicité de la paroisse, les détails de cet événement qui intéressait si vivement les populations visitées par la célèbre procession du Roumois :

PROCESSION GÉNÉRALE DU ROUMOIS. — 1726

« Ce jourd'huy mardy deuxiesme de juillet mil sept cent vingt-six, jour auquel s'est faite la procession généralle ambulante du Très Saint Sacrement establie dans le Roumois, La ditte procession est partie de la paroisse de Thierville-en-Roumois pour venir faire station en la chapelle de la Potterie, ensuitte est venüe dans sa paroisse du Bec-Hellouin où elle a esté receüe par nous,

François Neveu, prestre curé de la ditte paroisse du Bec au bout de la Rangée ou avenue d'arbres de la Potterie qui est les limittes de la ditte paroisse du Bec, où estant revestu d'aubbe, de l'estolle, de la chappe, accompagné du clergé de notre paroisse, de plusieurs de Messieurs les curés et prestres de différentes paroisses aussi revêtus de surplis et de chappes de la ditte paroisse du Bec, faisant aussi corps du clergé de la ditte paroisse précédé de la croix et bannière et des frères servants à la charité du dit lieu du Bec, où après avoir encensé le Très Saint Sacrement de l'autel, nous avons conduit la ditte procession par dessus les bruyères de St Nicolas qui est ensuitte descendue par la belle croix, a fait le tour des halles du bourg au bout desquelles les religieux du Bec se sont trouvés au devant du Très St Sacrement revêtus de chappes, est revenue ensuitte la ditte procession se rendre dans la ditte Eglise paroissiale, où après que le Très St Sacrement a été receu par nous curé du Bec susdit, avec l'encens à la porte de notre ditte Eglise paroissiale a esté chanté devant le maitre autel où estait posé le Très St Sacrement *O quam suavis Domine*, avec le verset et oraison du Saint Sacrement par Monsieur le Recteur de la procession, après quoy mondit sieur le Recteur qui estait pour lors Monsieur l'abbé Danvers, curé d'Escaclon, a donné la bénédiction du St Sacrement, après laquelle cérémonie la ditte procession s'est rendue en l'abbaye du Bec dans l'ordre cy après, savoir : le clergé séculier précédé des croix et bannières, ensuitte et derrière le dit clergé le St Sacrement porté par Messieurs les curés du Roumois revestus de tous les ornements sacerdotaux, derrière le St Sacrement mondit sieur le Recteur, ensuitte et derrière mondit sieur le Recteur, tous les dits Religieux revestus de leurs chappes les plus magnifiques, les plus âgés marchants les premiers et les plus jeunes eurent chacun leur rang. La ditte procession arrivée dans le chœur de la ditte abbaye, les Religieux se sont retirés, la messe a été célébrée par mondit S^r le Recteur, chantée par le clergé séculier dans laquelle il y a eu sermon par Monsieur le curé de Boissey-le-Châtel doyen rural de Bourgtheroulde, et toute la cérémonie a esté achevée par mondit sieur l'abbé Danvers, recteur. »

L'année suivante, le chroniqueur de l'Abbaye du Bec inscrivit cette mention :

« Le 1er juillet 1727, la procession du Roumois vint reprendre dans notre église le Saint-Sacrement qu'elle porta à Brionne après avoir célébré une seconde grande messe au milieu de notre Parc où l'on avait dressé un grand reposoir. Ce fut le curé du Bec qui célébra cette grand'messe, quoique le droit lui en fut contesté par le curé de Saint-Martin-du-Parc qui prétendait que le reposoir était construit sur son terrain. »

Le registre paroissial du Bec reçut en ces termes la relation de cette seconde procession :

PROCESSION GÉNÉRALE. — 1727

« Cejourd'huy jeudy vingt-sixiesme jour de juin mil sept cent vingt-sept, jour de la procession générale ambulante du Très Saint Sacrement, après la messe célébrée en l'abbaye de ce lieu du Bec, la ditte procession a parti de la ditte abbaye pour aller ensuitte faire station dans le parc dudit lieu du Bec à un reposoir qui avait esté dressé pour cet effet dans ledit parc au milieu du chemin allant à Brionne, dans un petit carefour situé en deça du fossé appellé le fossé au Merle où la messe a esté célébrée du St Sacrement par nous François Neveu, prestre curé de la paroisse de St André du Bec, assisté de Maistre Joseph Valmont, prestre vicaire de Sallerne qui nous a servi de diacre, Maistre Nicolas Quesney, prestre de cette paroisse qui a servi de sous diacre, Maistre Guillaume Couture, prestre curé de Livet-sur-Authou qui a fait premier chantre, laditte grande messe a esté chantée avec les chappes par le clergé de laditte procession, à la fin de laquelle grande messe a esté donné la bénédiction du St Sacrement au peuple par nous curé du Bec susdit, ensemble la S^{te} communion à plusieurs fidelles qui se sont présentés, ensuitte de quoy laditte procession a parti pour aller rester en l'église paroissiale de St Martin de Briosne. Le présent acte rédigé en la présence dudit Me Joseph Valmont, Me Nicolas Quesney et Me Anthoine Tricot, prestre vicaire de la paroisse de St Philibert de Bouqtot qui a assisté à toute la susdite cérémonie, et plusieurs autres qui ont pareillement assisté à laditte cérémonie, ce qu'ils ont signé cedit jour et an que dessus.

Signatures : « VALLEMONT. — TRICOT. — H. QUESNEY. BRIOSNE, curé de Freneuse. — VICARD. — AUBEY. — NEVEU, curé du Bec. »

En 1728, la procession du Roumois dut revenir reprendre, à Brionne, le Saint-Sacrement qu'elle y avait laissé l'année précédente ; nous n'avons aucun renseignement sur cette cérémonie de 1728.

Il est évident que Brionne était le point extrême du parcours de la procession du Roumois. Du reste cette ville formait la limite du diocèse de Rouen, et l'on sait que cette fameuse procession (*) n'allait pas au-delà.

E. Veuclin.

(*) La procession générale du Roumois, dite du *Saint-Sacrement*, était si renommée qu'une semblable fut établie, en 1761, dans la paroisse de Saint-Victor-en-Caux. Les archives départementales de la Seine-Inférieure (G. 1423) possèdent une curieuse requête imprimée concernant l'établissement de cette nouvelle confrérie avec procession ambulante.

LE

DROIT FUNÉRAIRE

DU

CLERGÉ SÉCULIER

DANS LES

MONASTÈRES DES ENVIRONS DE BRIONNE

I

LE BEC-HELLOUIN

Le 8 avril 1727, le nommé Guillard, cuisinier de l'abbaye, a esté inhumé dans le cloître de l'abbaye du Bec, ayant (le curé de la paroisse) refusé d'aller prendre le corps, à la première porte d'entrée de ladite abbaye, ainsi que le voulloient les Religieux de ladite abbaye, n'ayant point droit lesd. Religieux de sortir en fonctions hors la porte de leur cloître et des lieux réguliers de leur monastère.

NEVEU, curé du Bec.

Ce jourd'hui vingt-troisiesme de mars 1728, Claude Molinière... domestique chez les religieux du Bec, s'estant tué le jour précédent, en tombant par une porte qu'il croyait condamnée et qui ne l'estoit point suivant le bruit commun, a esté inhumé dans le cloître de lad. abbaye par lesd. religieux, à notre refus de vouloir prendre ledit corps, à la première porte d'entrée de l'enclos et cour de lad. abbaye où lesdits religieux prétendaient l'apporter, suivant l'exploit de Filoque de ce dit jour, et sans que lesdits religieux se soient mis en demeure de faire apparaître un mandement de justice pour inhumer ledit corps, suivant le réglement et notamment celuy...

Le septième jour de juillet, mil sept cent vingt-huit, avant midi, viron sur les huit heures du matin. Nous, François Neveu, prestre-curé du Bec-Hellouin, nous nous serions transporté devant la porte de Monsieur le duc de Brancas, demeurant dans une cour d'entrée et extérieure du monastère de l'abbaye du Bec, accompagné de maître Martin Lecoq, prestre-vicaire de cette paroisse, après nous estre revestu de surplis et d'étolle noire, précédés de la croix, pour y faire la levée du corps du nommé Roulière, valet de chambre de mondit sieur de Brancas, que nous aurions appris par la voix publique estre décédé du jourd'hui, où estant arrivés se seraient présentés à nous le père D. Joseph Paulmier, prieur de la dite abbaye, avec le père Lefèvre, religieux de ladite abbaye, lesquels sur la déclaration que nous aurions faite que nous entendions faire la levée du corps du dit Roulière, attendu que lesdits religieux n'ont aucune juridiction sur le dit corps, comme estant d'une maison entièrement distincte de la leur, nous auraient répondu qu'ils n'entendaient point pour nous souffrir faire la levée du corps, attendu que cela leur appartenait, sur quoy en faisant nos protestations, nous nous serions retirés pour ne point scandaliser le public, et n'ayant pu trouver d'officier sur l'heure ce qui s'est passé, présence de plusieurs personnes témoins, ce que les dits sieurs Lecoq et Guilbert, ont signé avec nous ainsi que A. Deschamps.

M. Lecoq, diacre.

Henry Guillebert.

II

HARCOURT

L'an 1729, et le onziesme de may, je soubsigné prieur curé d'Harcour, après l'avertissement et la prière à Madame Sainte-Thérèse de l'hôpital d'Harcour, pour assister à l'inhumation de la mère Sainte-Croix, religieuse hospitalière, je me présentai sur les deux heures, après-midi, pour conférer amiablement avec la communauté sur le droit, que je prétendais avoir de faire la d° inhumation; après plusieurs repliques de part et d'autre sur la contestation, je me retirai avec le refus de leur part.

Le lendemain, onziesme de may, jour pris pour l'inhumation, j'y fus avec M° le Couturier, mon vicaire, M° Pierre Bourgeois et Nicolas Potté, d'Harcourt, pour leur représenter l'honneur que la charité voulait avoir d'assister à lad. inhumation ; après quelques représentations de la part des frères de charité qui avaient eu l'honneur d'enterrer dans leur chœur feue Madame la première et autres seculières, Madame la supérieure les refusa, le tout se passa sur les sept heures du matin. Après le refus de la charité, je dis à Madame la supérieure que je venais luy demander si depuis la veille, elle avait pris conseil et si elle consentait que je vienne faire l'inhumation. Après quelques paroles et délai de sa part et un refus absolu, je la priay de trouver bon que je pris acte de son refus, en présence de M. le Couturier, vicaire, Me Pierre Bourgeois et Nicolas Potté, dud. Harcour, à quoy elle acquiesçay et quittay Madame la supérieure en la saluant.

Sur les huit heures du même matin, heures désignée pour l'office, après la charité assemblée à l'ordinaire au son de la cloche, pour accompagner le clergé en telles rencontres, nous nous transportasmes en habit d'église et l'Etole au col avec Me le vicaire, le clergé et la charité avec la croix et la bannière à l'église desd. Dames religieuses, où estant entré après la prière faite devant le très Saint-Sacrement, nous nous serions approchés de la grille du chœur, où ayant demandé Madame la supérieure, nous prieur curé portant la parole, luy aurions demandé pour la troisième fois que nous estions venu selon l'heure pour faire l'inhumation. Sçavoir si elle voulait acquiescer ou me refuser et m'ayant donné un entier refus, je priay les assistants et le clergé et autres venus à cet effet de se souvenir du refus de Madame la supérieure, après quoy nous nous retirasmes et sans bruit et en silence et sans aucune parole qui pût choquer la sainteté du lieu ny des personnes. Les témoins à cette dernière remontrance sont Me Jean Le Couturier, prestre vicaire d'Harcour; Charles Gros, clerc, Olivier Passerel, André de la Croix, Pierre Prein dit Bontamps, Pierre Hardouin, frères de la charité, Jacques Fontane, marguillier de lad. charité, Nicolas Potté, mᵉ bedeau de l'église d'Harcour, Pierre Bourgeois, Germain Bourgeois, habitans et autres assemblés, pour lad. cérémonie soubsignés avec nous prieur curé dud. Harcourt led. jour an.

FOURIL DELAHAYE, prieur d'Harcour.

(5 autres signatures)

Registre de Catholicité.

III

BERNAY

Dans cette ville où les luttes entre les curés de Sainte-Croix et les Bénédictins furent fréquentes, au XVIIIᵉ siècle, ces curés eurent grand soin d'indiquer dans les actes d'inhumation que le corps des défunts avait été pris dans l'enclos de l'abbaye bien que les religieux se prétendaient les curés primitifs et patrons de l'église de Sainte-Croix.

E. VEUCLIN.

USAGES ANCIENS

DE

L'ABBAYE DU BEC[1]

Dans le Carême, on faisait une procession nuds pieds dans le cloître. Tous les mercredis et vendredis, on en faisait de semblables en d'autres temps, surtout depuis le mois d'octobre, mais on les cessait depuis la Saint-Simon, Saint-Jude, jusqu'au mercredi des Cendres à cause du froid. Dans les calamités et besoins publics, on faisait des processions nu-pieds, avec peine, lors, même qu'on sortait du cloître, à moins que l'abbé n'en exemptât, il en était de même des processions du jour de Saint Marc et des Rogations.

Le *dimanche des Rameaux*, on portait dès le matin et sans cérémonie, le Saint-Sacrement au lieu où la procession allait se rendre, le même jour, on le rapportait avec pompe et solennité à l'Eglise, en s'arrêtant au dehors pour la station *gloria laus*, etc., etc.

Le *Jeudi-Saint* et les deux jours suivants, on bénissait le feu nouveau avant de commencer l'office ; il y avait aussi communion générale dans les trois jours, mais celle du Jeudi-Saint était d'une obligation plus indispensable que celle du vendredi et du samedi.

---

(1) Extrait de la copie de la chronique du Bec déposée aux Archives départementales de l'Eure.

Le Jeudi-Saint après la messe, on allait processionnellement faire la cène au réfertoire, on faisait ensuite *mandantum ou mandoeutum* des Pauvres dans le cloître; celui des Religieux se faisait dans le chapitre par l'abbé et le Prieur qui se lavaient réciproquement les pieds l'un à l'autre.

Du chapitre, on retournait processionnellement où l'abbé bénissait trois coupes pleines de vin, en gardait une pour la table et donnait les deux autres à droite et à gauche aux Religieux qui en buvaient et se donnaient la coupe les uns aux autres.

Le *Vendredi-Saint*, on ne donnait au réfectoire que du pain et de l'eau avec des herbes crues et on s'abstenait le soir d'un coup à boire, qu'on permettait aux autres jours de jeûne depuis l'exaltation de la Sainte-Croix et on le prenait après none; on cessait cependant d'user de ce petit soulagement depuis la Fête de Saint-Martin jusqu'à celle de Saint-Blaise. La meridienne cessait pareillement aux jeûnes de l'exaltation de la Sainte-Croix, suivant la règle, on l'accordait néanmoins aux jours des féries des 12 leçons qui arrivaient dans la semaine, mais cette indulgence n'était pas de longue durée puisqu'elle finissait le premier d'octobre.

Il est dit dans le même rituel que depuis Pâques, jusqu'à la Toussaint, on se recouchait entre Matines et Laudes, ce qu'on ne faisait pas depuis la Toussaint, jusqu'à Pâques, mais qu'on employait ce temps à chanter des psaumes auxquels on ajoutait dans les jours fériaux l'office des morts ; il est dit aussi qu'après les prières qui se disaient aparemment alors vers le même temps que nous disons encore aujourd'hui, on envoyait les enfants *Pueri* au cloître pour y faire leurs lectures, s'il était jour, si non ils restaient assis dans le chœur jusqu'au jour.

Ce livre dit encore qu'il y avait des occasions où l'on pouvait se parler l'un à l'autre, savoir après le chapitre et après le sexte.

Il est de même d'un autre endroit de ce livre qu'il fait mention d'un usage singulier de l'abbaye du Bec : c'est qu'il y avait des fêtes, des vigiles où l'on couvrait les tables du réfectoire et l'on donnait à tous le même pain, et d'autres fêtes, où l'on couvrait à la vérité les tables, mains sans donner le même pain à tous. *(Erant tabulæ cooperte, sed non habebant panem similem).* Ce paraît marquer qu'on ne couvrait les tables que dans certaines fêtes et qu'il avait de la distinction dans le pain qu'on donnait aux Religieux.

Quand un abbé du Bec était mort, on inhumait son corps que trois jours après, et on invitait quelque abbé du voisinage de venir faire ses funérailles, mais aussitôt après la mort on dépêchait quelques Religieux munis de lettres au *sceau du couvent* pour annoncer cette mort au prince donc le Bec relevait et pour demander la permission d'élire un autre abbé ; quand cette permission était venue, le Prieur, de l'avis des anciens indiquait le jour de l'élection et y appelait par des lettres de convocation, tous les Prieurs de la dépendance de l'abbaye qui sont d'en deça la mer et qui devaient se trouver avec cette élection avec les principaux Religieux de leur manoir.

www.ingramcontent.com/pod-product-compliance
Ingram Content Group UK Ltd.
Pitfield, Milton Keynes, MK11 3LW, UK
UKHW021158230726
13926UKWH00001B/181